OPINION

DE

M. DE POLVEREL;

MEMBRE

DE LA SOCIÉTÉ DES AMIS DE LA CONSTITUTION;

Sur le mode de responfabilité des Agens du Pouvoir exécutif.

———

MESSIEURS,

JE crois qu'il eft inutile de faire l'énumération de tous les cas auxquels doit s'appliquer la refponfabilité des Agens du Pouvoir exécutif. Je crois même qu'une Loi conftitutionnelle qui fpécifieroit ces cas, ne feroit pas fans inconvéniens. Le Légiflateur ne fauroit les prévoir tous ; & les Agens du Pouvoir exécutif fe prévaudroient du filence de la Loi, pour fe fouftraire à la refponfabilité dans les cas qui n'auroient pas été prévus.

Il faut donc, non une Loi de détails, mais une

A

Loi générale qui embraffe tous les cas poffibles. Il me femble qu'on pourroit la réduire à ce peu de mots : « Les Agens du Pouvoir exécutif feront refponfa- » bles de tout ce qu'ils feront contre la Loi , & de » tout ce qu'ils omettront de faire pour en affurer » l'exécution ».

Il faudra quelques développemens de plus , foit pour déterminer le mode ou la manière d'exercer cette refponfabilité, foit pour graduer les peines des fautes & des délits des Miniftres , & de leurs fous-ordres.

Ces fautes & ces délits attaquent, ou le Corps de la Nation , ou les individus. S'ils attaquent le Corps de la Nation , c'eft aux Repréfentans de la Nation , au Corps Légiflatif, que doit appartenir exclufive-ment le droit d'en pourfuivre la vengeance : mais, comme tout Citoyen eft intéreffé à veiller au falut de la Patrie, chacun doit avoir le droit de dénoncer au Corps Légiflatif les fautes & les délits des Agens du Pouvoir exécutif.

Si ces fautes & ces délits n'attaquent directement que les droits d'un ou de plufieurs individus, c'eft aux individus léfés à pourfuivre la réparation du tort qui leur aura été fait : mais, comme il y a beaucoup de Citoyens qui n'auroient pas des moyens fuffifans pour foutenir une lutte fi inégale ; comme la Nation doit une protection égale aux droits de tous les individus qui la compofent ; chaque Citoyen doit avoir le droit de dénoncer la faute ou le délit au Corps Légiflatif,

qui pourſuivra, aux dépens du Tréſor public, la réparation due à l'individu léſé, & la vengeance due
à la Société.

Ces fautes & ces délits feront plus ou moins gra-
ves, felon qu'ils attaqueront plus ou moins directement le Corps focial. Je mets à leur tête les actes &
les omiſſions qui compromettent la fûreté, la liberté
& les propriétés de la Nation, ceux qui empêchent
ou qui retardent l'exécution des actes du Pouvoir
Légiſlatif & de ceux du Pouvoir Judiciaire. Je mets
au fecond rang les actes & les omiſſions qui compromettent la vie, la fûreté, la liberté & les propriétés
des individus.

Voilà les baſes de proportion entre les divers
genres de peine que la Loi doit établir contre les
Agens du Pouvoir exécutif.

Je n'aime pas en général la févérité des peines,
parce que je ne la crois bonne à rien, fur-tout dans
un Pays où l'honneur & l'opinion publique font
comptés pour quelque chofe. Je voudrois feulement
une application févère de Loix modérées; & c'eſt,
peut-être, ce que nous aurons le plus de peine à
obtenir. Nous ne manquons pas de belles théories;
c'eſt par l'exécution que nous manquons toujours.

Tout ennemi que je fuis de la févérité des peines,
je crois cependant que la Loi doit infliger des peines
plus fortes aux crimes commis par les Agens du Pouvoir exécutif, qu'à ceux de même efpèce qui feroient
commis par des hommes privés:

En premier lieu, parce que, toutes chofes d'ailleurs égales, il y a toujours un crime de plus dans les crimes des Agens du Pouvoir exécutif; c'est l'abus de confiance :

En fecond lieu, parce qu'ayant dans leurs mains la force publique, leurs attentats peuvent avoir des fuites plus funeftes que ceux des particuliers.

Avant de graduer les peines contre les Agens du Pouvoir exécutif, je crois, Meffieurs, que vous avez à décider une queftion bien importante, & dont la folution doit fervir de bafe à votre nouveau Code Pénal : c'est de favoir fi une Société quelconque a le droit de vie & de mort fur les individus qui la compofent.

Je fais, Meffieurs, que plufieurs Philofophes, plufieurs Publiciftes ont traité cette queftion ; mais aucun d'eux, non pas même le Marquis de Beccaria, ne l'a envifagée fous toutes fes faces.

Je ne me propofe pas de la traiter aujourd'hui ; la digreffion feroit beaucoup trop longue. Je vous dirai feulement, en vous invitant à difcuter promptement cette grande queftion, quel eft le réfultat auquel d'affez longues méditations m'ont conduit fur ce point.

Une Société ne peut avoir le droit de punir de mort un de fes Membres, qu'autant que la vie de cet individu mettroit la Société dans un péril imminent.

Mais, ou cet individu eft au pouvoir de la Société, ou il n'y eft pas.

Si la Société le tient en son pouvoir, elle peut, sans le faire périr, le mettre dans l'impuissance de lui nuire ; elle cesse donc alors d'avoir le droit de le punir de mort.

Si elle ne le tient pas en son pouvoir, elle prononceroit inutilement la peine de mort contre lui, puisqu'elle est dans l'impossibilité de faire exécuter le jugement de mort.

J'applique ce résultat aux Agens du Pouvoir exécutif, & principalement aux Ministres & aux Généraux d'Armée.

Ou le coupable est en votre pouvoir, & alors vous n'avez plus le droit de lui donner la mort, parce que vous avez d'autres moyens de le mettre dans l'impuissance de vous nuire :

Ou il n'est pas en votre pouvoir ; & alors le seul moyen que vous ayez de faire exécuter le Jugement de mort, c'est de mettre à prix la vie du coupable, c'est-à-dire, d'inviter à la perfidie & à l'assassinat, de récompenser la perfidie & l'assassinat.

C'est ainsi que le Parlement de Paris proscrivoit autrefois la tête du Cardinal Mazarin ; mais j'espère qu'une maxime aussi immorale ne souillera pas le Code que nous préparent les défenseurs de la liberté & de l'humanité.

Si vous voulez, MESSIEURS, que la responsabilité des Ministres ne soit pas illusoire, vous avez encore à décider deux autres questions non moins importantes.

Opinion de M. de Polverel. A 3

La Conſtitution donnera-t-elle au Roi le droit de faire grace ?

Lui donnera-t-elle le droit de faire grace aux Agens du Pouvoir exécutif ?

La première queſtion me paroît ſe réduire à des élémens bien ſimples.

Celui qui eſt chargé de faire exécuter la Loi & les actes du Pouvoir judiciaire ne peut pas avoir le droit de diſpenſer de leur exécution. Donc le Pouvoir exécutif ne peut pas avoir le droit de pardonner un acte qui a été jugé contraire à la Loi.

Si juſqu'à préſent l'on a tant prôné le droit de faire grace, c'eſt, d'un côté, parce que nous avions de mauvaiſes Loix criminelles, parce que ces Loix mettoient dans la claſſe des crimes, des actes légitimes & des actes involontaires ; parce qu'elles puniſſoient comme meurtrier, celui qui avoit donné la mort involontairement, & celui qui avoit donné la mort dans la néceſſité d'une légitime défenſe de ſa vie ; parce qu'il falloit des Lettres de rémiſſion pour ces ſortes d'homicides. C'eſt, d'un autre côté, parce que le droit de faire grace aſſuroit l'impunité à tous les ſcélérats décorés, privilégiés ou protégés.

Ayez de bonnes Loix, qui ne puniſſent que ce qui eſt véritablement criminel, qui ne faſſent aucune acception de perſonnes, & ne donnez à aucune Puiſ-ſance le droit d'abſoudre ou de faire grace lorſque la Loi a prononcé la punition.

Que ſi, après avoir détruit tant d'abus, vous n'oſiez pas attaquer celui-ci de front, ſi vous laiſſiez au Roi son antique prérogative de faire grace, vous devez du moins excepter de cette prérogative les crimes des Agens du Pouvoir exécutif. Donner au Pouvoir exécutif le droit de faire grace à ces sortes de crimes, ce seroit donner à ses Agens le droit de s'absoudre ou de se pardonner eux-mêmes ; & alors, que deviendroit leur responsabilité ?

L'Angleterre, dont on vous oppose l'exemple toutes les fois que vous voulez franchir les bornes d'une demi-liberté ; l'Angleterre, qui a fait la faute, lors de la Révolution de 1689, de conserver à ses Rois l'ancienne prérogative de pardonner les crimes, ne lui a pas du moins laissé la faculté de pardonner ceux des Agens du Pouvoir exécutif. Une de ses Loix constitutionnelles dit : « Qu'aucun pardon, quoique passé » sous le grand sceau, ne pourra être allégué contre » une accusation intentée par la Chambre des Com- » munes. »

Quel sera le Tribunal chargé d'instruire & de juger les demandes & les accusations dirigées contre les Agens du Pouvoir exécutif ?

Quoique je sache qu'il y a dans la Société des amis de la Constitution, & même dans l'Assemblée Nationale plusieurs honorables Membres qui pensent que le Corps législatif peut & doit être le seul Tribunal des crimes de lèse-Nation, j'oserai dire que cela est constitutionnellement impossible :

Premièrement, parce que le Corps législatif est l'accusateur nécessaire de ces sortes de crimes, &

qu'il ne peut pas être tout-à-la-fois Accusateur &
Juge ;

Secondement, parce que l'accumulation du Pouvoir
législatif & du Pouvoir judiciaire seroit le plus ter-
rible fléau de la liberté politique & civile ;

Troisièmement, parce qu'un des points constitu-
tionnels déjà acquis à la Nation, par un Décret de
l'Assemblée Nationale, que le Roi a accepté, est, *que
le Corps législatif ne pourra dans aucun cas exercer le
Pouvoir judiciaire.*

Ce Tribunal doit donc être hors du Corps législatif.

Mais, puisque c'est le Corps législatif qui doit intenter & poursuivre l'accusation, le Tribunal doit être
près du Corps législatif.

Ce Tribunal sera donc nécessairement unique, &
ne pourra pas être divisé en sections.

Puisque ce Tribunal est destiné à instruire & juger
les fautes & les délits des Agens du Pouvoir exécutif, il est bien évident que le Pouvoir exécutif ne doit
pas en nommer les Membres, ni même ceux qui doivent y exercer le Ministère public.

Puisque c'est le Corps législatif qui doit intenter &
poursuivre l'accusation, c'est à lui à choisir dans son
sein les Commissaires qui seront chargés des fonctions
du Ministère public, d'Accusateurs publics.

Mais par la même raison aussi, il ne doit pas avoir
le droit de nommer les Juges qui composeront le
Tribunal. S'il avoit le choix des Juges, il auroit trop
d'influence sur les Jugemens.

Ces Juges ne peuvent, ce me femble, être choifis que par les Affemblées primaires. Non-feulement la Nation peut exercer facilement ce droit par elle-même, mais, de plus, je viens de prouver qu'elle ne pouvoit le déléguer, ni au Pouvoir exécutif, ni au Pouvoir légiflatif.

Pour n'être pas expofé à de mauvais choix, voici l'ordre que je propoferois.

Ce Tribunal feroit renouvelé en entier tous les deux ans.

A la fin de chaque Légiflature, les Electeurs de chaque Département, en procédant à la nomination de leurs Députés pour la Légiflature fuivante, nommeroient auffi un Membre de la Haute Cour nationale, lequel y exerceroit fes fonctions, feulement pendant la durée de cette même Légiflature fuivante; mais ce Membre ne pourroit être élu que parmi les Députés Membres de la Légiflature actuelle.

A ce moyen, vous auriez au moins la très-grande probabilité, que ce Tribunal, fur lequel repoferont prefqu'en entier la fûreté & la liberté publiques, fera toujours compofé de ceux qui auront donné, dans le Corps légiflatif, le plus de preuves de capacité, d'intégrité, de lumières & de patriotifme.

Mais, pour éviter le danger d'une alternative trop rapprochée de pouvoirs & d'autorité fur les mêmes têtes, je defirerois qu'aucun Membre du Tribunal ne pût être réélu comme Député au Corps légiflatif, que deux ans après la ceffation de leurs fonctions judiciaires.

Et pour éviter encore toute crainte de corruptibi-
lité, je voudrois que, pendant le même intervalle de
deux ans après la ceffation de leurs fonctions judiciaires, ils ne puffent accepter du Pouvoir exécutif
aucune grace, emploi, ni commiffion.

Je ne vois aucune obfervation particulière à faire
fur la forme des procédures & des jugemens relatifs
aux Agens du Pouvoir exécutif. Ils doivent fubir à
cet égard la loi commune à laquelle vous foumettrez
le refte des citoyens.

Mais je crois qu'il eft néceffaire de vous préfenter
encore quelques réflexions fur la manière de diftri-
buer la refponfabilité entre les divers Agens du
Pouvoir exécutif.

Il faut, Meffieurs, que cette refponfabilité foit
pour eux une meilleure chofe que nous ne l'avions
cru; car tous les fous-ordres voudroient être perfonnellement & indéfiniment refponfables pour toutes
les chofes qui font de leur département. D'où leur
vient donc cet appétit immodéré de refponfabilité ?
Le voici, Meffieurs.

L'application de la loi de refponfabilité les effraye
peu, parce qu'ils ne la voient que dans le lointain,
& comme des accidens rares, auxquels ils efpèrent
échapper par les formes obliques & myftérieufes dont
ils ont fu de tout temps couvrir leurs opérations.

Cette refponfabilité perfonnelle & indéfinie les ren-
droit indépendans des Ordonnateurs en chef, leur

donneroit le droit de réfifter aux ordres & aux dé-
fenfes de ces Ordonnateurs ; car il eft bien évident
que nul n'auroit le droit de leur commander un
acte dont ils feroient perfonnellement refponfables.

Prenez garde , Meffieurs, que fi vous adoptez ce
fyftême , vous anéantiffez le Pouvoir exécutif, vous
expofez votre liberté & votre fûreté , vous anéantiffez la refponfabilité même.

La liberté & la fûreté ne peuvent fe maintenir
que par la force du Pouvoir exécutif. Toute la force
du Pouvoir exécutif confifte dans l'unité d'action. Si
chaque fous-ordre a le droit de ne pas agir lorfqu'on lui ordonne d'agir , le droit d'agir lorfqu'on
le lui défend, le droit d'agir dans un fens différent
de celui qu'on lui prefcrit , dès-lors le Pouvoir exécutif
eft nul , & la fociété eft diffoute : la refponfabilité
même , à force d'être fubdivifée , fera impalpable ;
vous ne faurez plus fur quelle tête la fixer.

Voici , Meffieurs, comment je conçois que la refponfabilité doit être exercée pour produire tous les
bons effets que vous en avez efpérés.

Je vois un acte contraire à la loi, à la liberté ,
à la fûreté, à la propriété. L'auteur immédiat de
cet acte eft le premier coupable qui fe préfente. C'eft
à lui d'abord que je m'adreffe ; s'il a agi fans ordre ,
il eft feul coupable.

Mais, s'il me préfente un ordre écrit, auquel il n'ait
fait que fe conformer, comme je fais qu'il a dû
obéir, cet homme n'eft plus coupable à mes yeux ;
c'eft le Supérieur qui a donné l'ordre, qui devient

responsable. Je parcours ainsi, en remontant d'ordre en ordre, de degré en degré, toute la hiérarchie du Pouvoir exécutif, & je m'arrête au Ministre ou à l'Ordonnateur qui a signé le premier ordre ; c'est sur celui-là que je fais tomber tout le poids de la responsabilité.

J'excepterois cependant de cette règle les cas où l'action commandée est si évidemment criminelle, qu'il est impossible que ceux qui ont exécuté l'ordre n'ayent pas été avertis par leur conscience. Dans ce cas, je soumettrois également à la responsabilité, & à la rigueur des loix, celui qui a signé le premier ordre, ceux qui l'ont transmis, & ceux qui l'ont exécuté.

A PARIS,

Chez BAUDOUIN, Imprimeur de L'ASSEMBLÉE NATIONALE, rue du Foin St.-Jacques, N°. 31.